Milet Publishing
Smallfields Cottage, Cox Green
Rudgwick, Horsham, West Sussex
RH12 3DE England
info@milet.com
www.milet.com
www.milet.co.uk

First English–Somali edition published by Milet Publishing in 2013

ISBN 978 1 84059 831 5

Original Turkish text written by Erdem Seçmen
Translated to English by Alvin Parmar and adapted by Milet

Illustrated by Chris Dittopoulos
Designed by Christangelos Seferiadis

Printed and bound in Turkey by Ertem Matbaası

My Bilingual Book

Taste
Dhadhanka

English–Somali

Close your eyes, taste this drink . . .

Indhaha isku qabso, cabitaankaan dhadhami . . .

Water or soda, what do you think?

Biyo mise soda, maxaad u maleynaysaa?

How do you know which one it is?

Sideed ku ogaanaysaa midka uu yahay?

Do your mouth and tongue feel a fizz?

Afkaaga iyo carrabkaagu ma dareemaan dhadhanka xoorta leh?

Your mouth and tongue let you taste drinks and food.

Afkaaga iyo carrabkaagaa kuu dhadhamiya cuntada iyo cabitaanka

They tell you what tastes bad and what tastes good!

Iyagaa kuu kala sheega wixii dhadhan xun iyo wixii dhadhan fiican!

Your taste senses bitter, sour, sweet,

Dhadhankaagu wuxuu dareemaa kharaarka, biirta, macaanka

and salty, like the crackers you eat.

iyo dibirka sida markaad cunaysid buskudyada kala duwan.

Some like the taste of chocolate best.

Dadbaa dhadhanka shukulaatada aad u jecel.

Most like the taste of medicine less!

Dadka badankiisna aad uma jecla dhadhanka daawada!

It's fun to think about yummy sweets,

Way wacan tahay inaad macmacaanka hunguriyeyso,

but eating too many is bad for your teeth!

ha yeeshee badsigiisu ilkahaaguu u daran yahay!

Foods like peppers can be so hot!

Cuntooyinka qaar baa aad u kulul sida basbaaska!

Your taste will tell you to eat them or not.

Dhadhankaagaa kuu sheegaya inaad cuntid iyo in kale.

Some tastes go together and some really don't mix,

Dhadhanka qaar baa is raaca qaarna isma dhex galaan,

like that banana and cheese sandwich you are about to fix!

sida mooskaas iyo farmaajada aad rootiga dhex gelinaysid!

These delicious fruits deserve a nibble.

Mirahaan macaani rudis bay mudan yihiin.

They're good for your body and irresistible!

Jirkaaga waa u fiican yihiin la iskamana qaban karo!

Trying different foods makes your taste sense grow.

Tijaabinta cuntooyinka kala duwani dareenka dhadhankaagay kor u qaadaa

Your world gets bigger, the more foods that you know!

Aqoontaada duniduna waxay la kortaa cuntooyinka aad taqaanid!